수야의 관점놀이 1

거짓말 이야기

수야의 관점놀이 1
- 거짓말 이야기

김용우 **지음** / 모두출판협동조합(이사장 이재욱) **펴냄**
초판인쇄 2024년 9월 28일 / **초판발행** 2024년 9월 30일
북PD 강화석 / **디자인** 김남호
 ISBN 979-11-89203-51-1
    979-11-89203-50-4 (세트)

ⓒ김용우, 2024

MODOOBOOKS(모두북스) 등록일 2017년 3월 28일 / **등록번호** 제 2013-3호 /
주소 서울 도봉구 덕릉로 54가길 25(창동 557-85, 우 01473)/
전화 02)2237-3301, 02)2237-3316 / **팩스** 02)2237-3389/
이메일 seekook@naver.com

*책값은 뒤표지에 씌어 있습니다

수야의 관점놀이 1
−거짓말 이야기−

수야水也 김용우

MODOOBOOKS

반갑습니다

어느 자리에서
어떤 눈으로 세상을 보느냐?
이것이 한 사람의 행복과 불행 그리고
그 운명을 결정합니다.

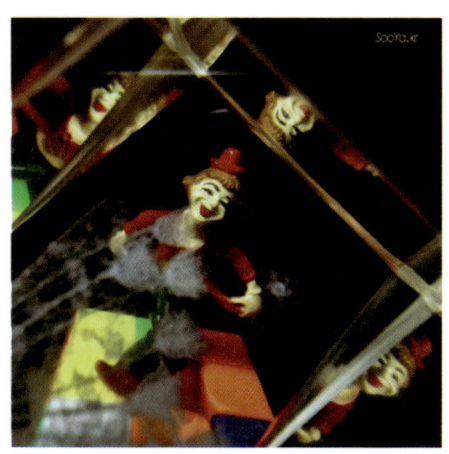

우리들은 짙은 화장을 한 피에로처럼 겉은 웃고 있어도
속은 슬픔과 외로움 또는 절망이 잘 머무릅니다.
그래서 쉽게 거짓말 이야기도 잘 하지만 이것은 우리들이
보듬어야할 우리들 자그마한 이야기입니다.

관점에 옳고 그름은 없습니다.
여기 전시되는 관점들을 부디 느껴주십시오.

수야 김용우 올림

http://sooya.kr

차례

거짓말 이야기   / 7

보고 싶은 문자 씨 1   / 77

빛과 함께 1   / 95

재밌는 눈 1   / 157

혼잣말들 1   / 219

보고 싶은 문자 씨 2   / 329

거짓말 이야기

연구소 발기문

감사

감사하지 마라.
어떤 것에 대해 감사하는 순간
그 대상이 아닌 모든 것이 감사 아니라는 뜻이니
그대, 이 거짓말 감당할 수 있는가?

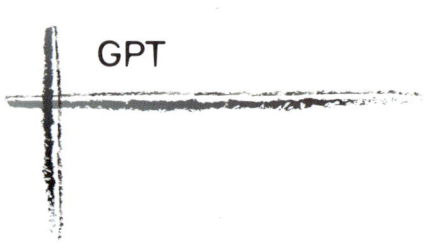

GPT

감옥

 거울

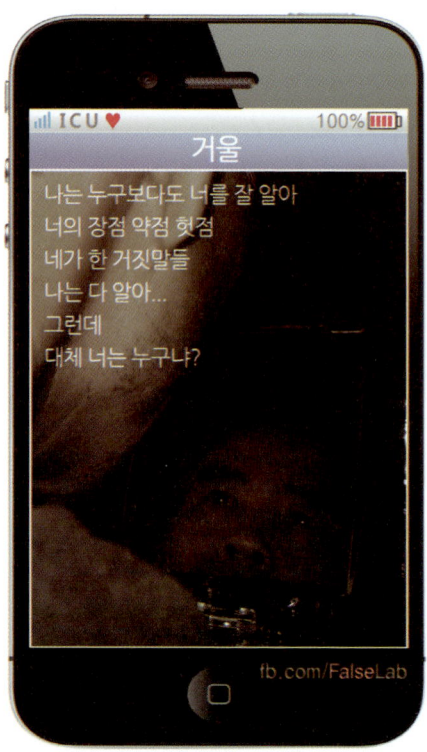

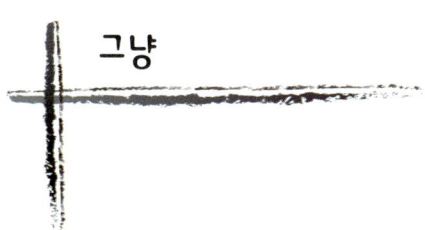

그냥

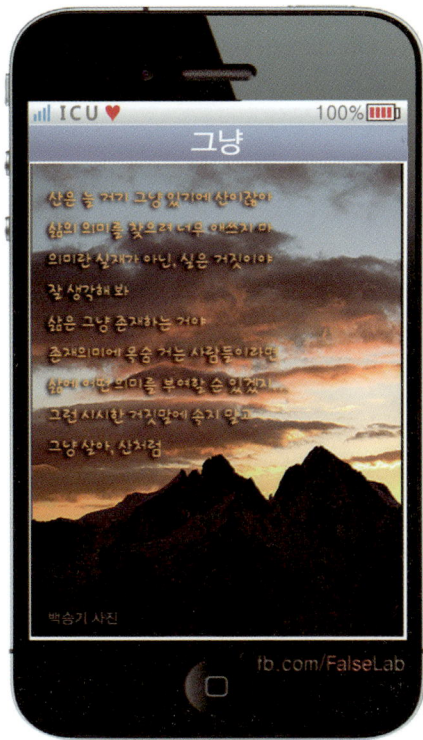

그냥

산은 늘 거기 그냥 있기에 산이잖아
삶의 의미를 찾으려 너무 애쓰지 마
의미란 실재가 아닌, 실은 거짓이야
잘 생각해 봐
삶은 그냥 존재하는 거야
존재의미에 목숨 거는 사람들이라면
삶에 어떤 의미를 부여할 수 있겠지...
그런 시시한 거짓말에 속지 말고
그냥 살아 산처럼

백승기 사진

fb.com/FalseLab

긴급명령

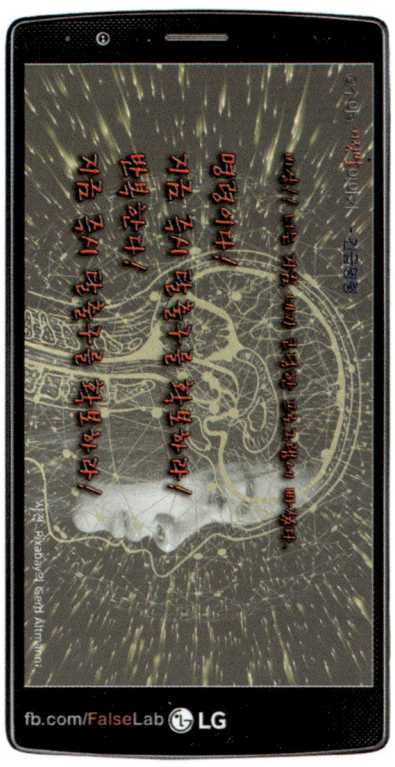

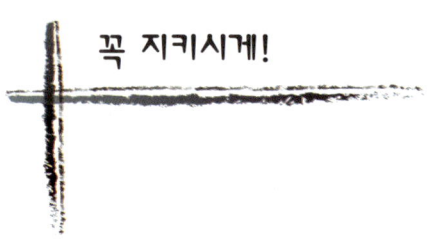
꼭 지키시게!

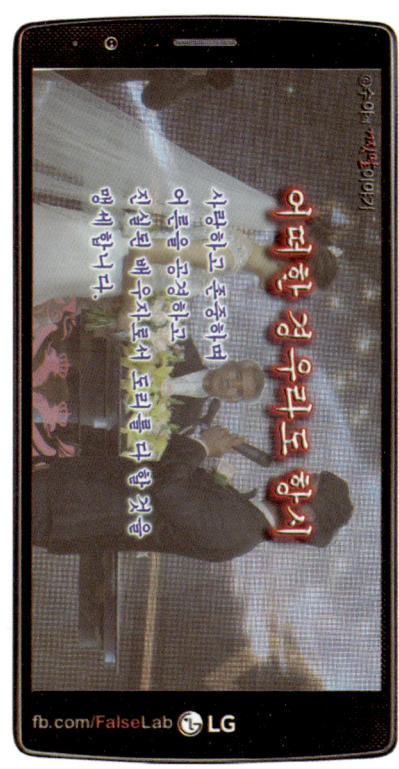

나에게 충고

순에 좋은 사람을 만나려면 살짝 조심하라라
몸둥이에 깊이 각인시켜준 사람을 만나면
매우 각별히 조심하라.
알지?
네가 그와 같은 수준이 될 때 반응하게 되나니,
그때 그들 탓하지 않기

나이

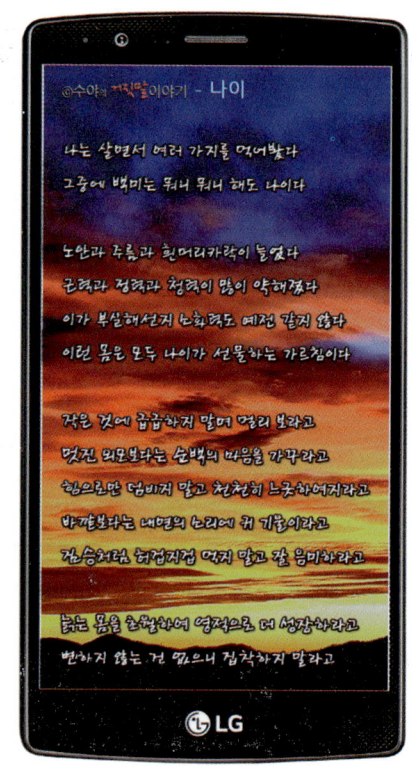

@수아의 거짓말이야기 - 나이

나는 살면서 여러 가지를 먹어봤다
그중에 백미는 뭐니 뭐니 해도 나이다

노안과 주름과 흰머리카락이 늘었다
근력과 정력과 청력이 많이 약해졌다
이가 부실해져서 노화해도 예전 같지 않다
이런 몸은 모두 나이가 선물하는 가르침이다

작은 것에 끕끕하지 말며 멀리 보라고
멋진 외모보다는 순백의 마음을 가꾸라고
힘으로만 덤비지 말고 천천히 느긋하여지라고
바깥보다는 내면의 소리에 귀 기울이라고
겸손처럼 허접지접 먹지 말고 잘 음미하라고

늙는 몸을 온전하여 영적으로 더 성장하라고
변하지 않는 건 없으니 집착하지 말라고

낭비

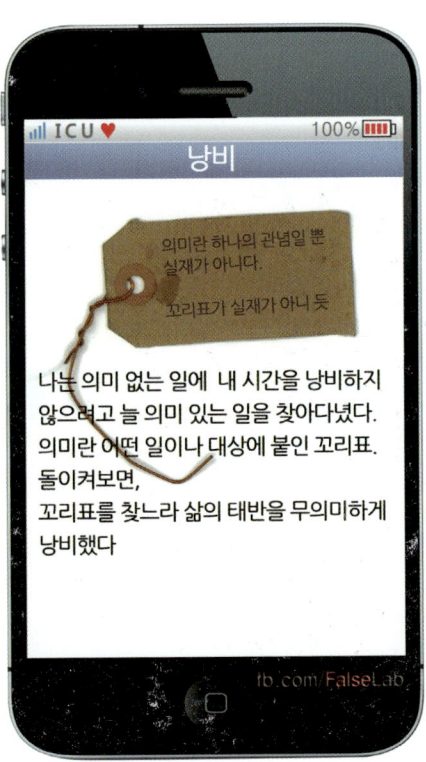

낭비

> 의미란 하나의 관념일 뿐 실재가 아니다.
>
> 꼬리표가 실재가 아니 듯

나는 의미 없는 일에 내 시간을 낭비하지 않으려고 늘 의미 있는 일을 찾아다녔다.
의미란 어떤 일이나 대상에 붙인 꼬리표.
돌이켜보면,
꼬리표를 찾느라 삶의 태반을 무의미하게 낭비했다

대답

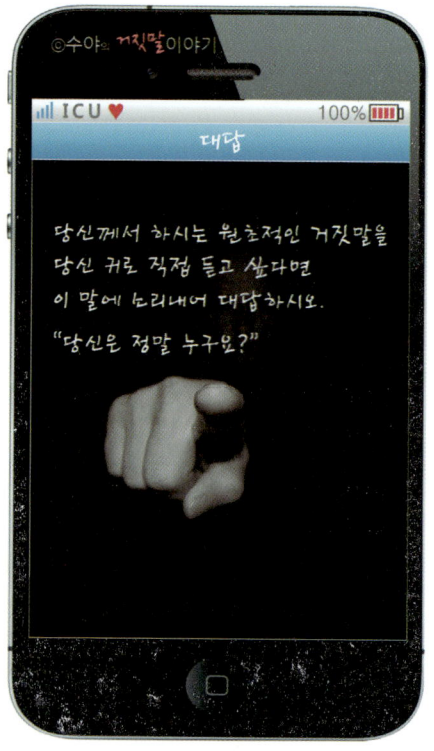

덕담

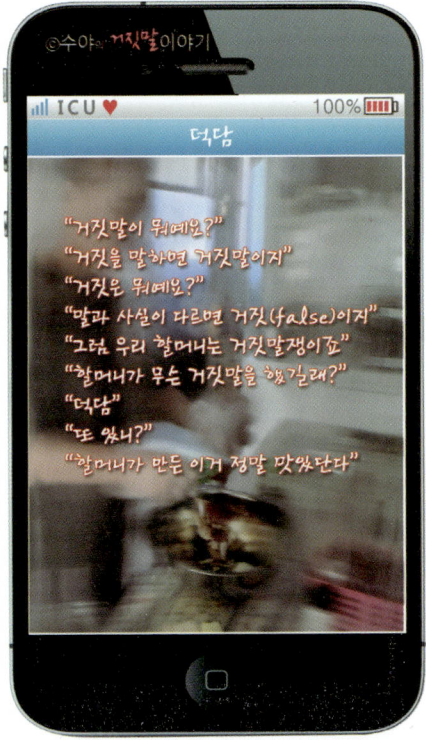

"거짓말이 뭐예요?"
"거짓을 말하면 거짓말이지"
"거짓은 뭐예요?"
"말과 사실이 다르면 거짓(false)이지"
"그럼 우리 할머니는 거짓말쟁이죠"
"할머니가 무슨 거짓말을 했길래?"
"덕담"
"또 있니?"
"할머니가 만든 이거 정말 맛있단다"

동상제막식

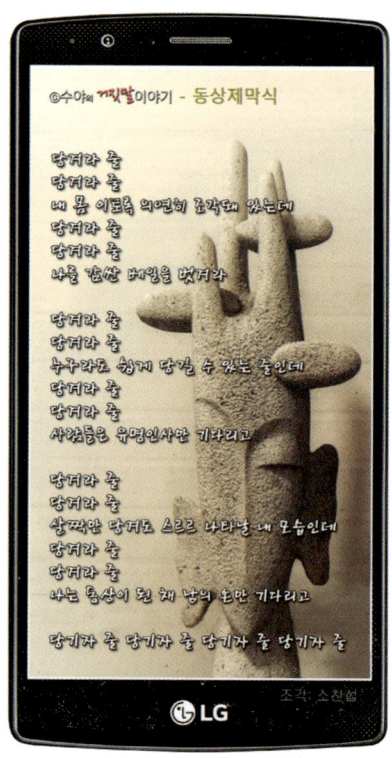

명품

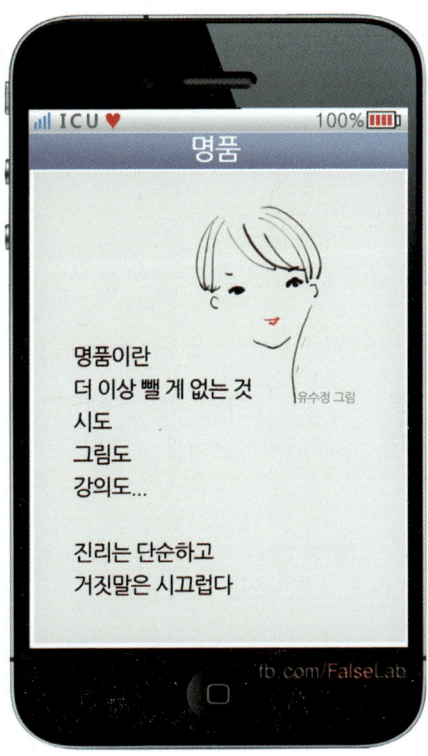

명품
명품이란
더 이상 뺄 게 없는 것
시도
그림도
강의도…

진리는 단순하고
거짓말은 시끄럽다

유수정 그림

모든 순간들

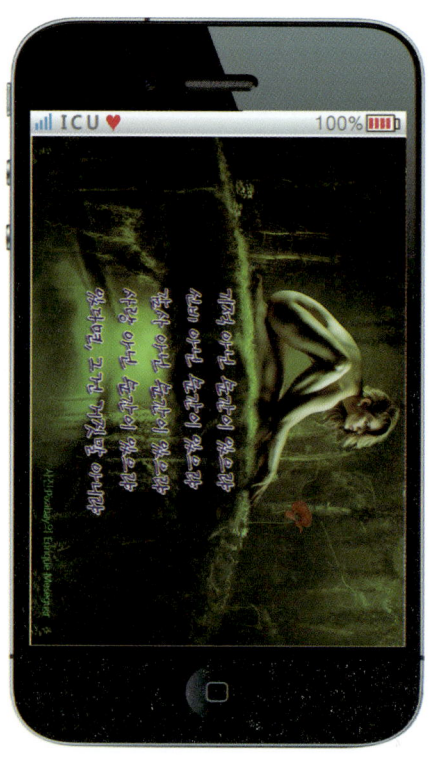

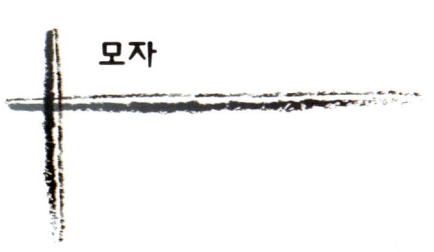

모자

알아요
이건 당신의 모자지요
알고 싶어요
보고 싶어요
만나고 싶어요
모자를 벗은 당신을

미소

믿음

"빨리 가자 이러다간 네 이 망할 것에 미쳐 늦어!"
"네!"
생각보다 수 많은 믿음들을 만나면서 느껴져서
"지각하지마 늦기 전에 가는거다"
믿는것 많큼 소중한 사람에게 거짓말을 했다
거짓말 자 할 수 밖에 없는 아이러니

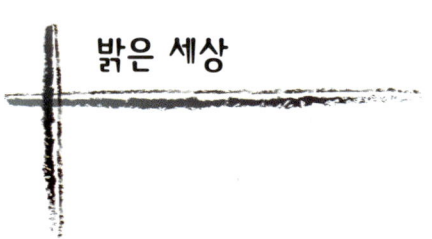

밝은 세상

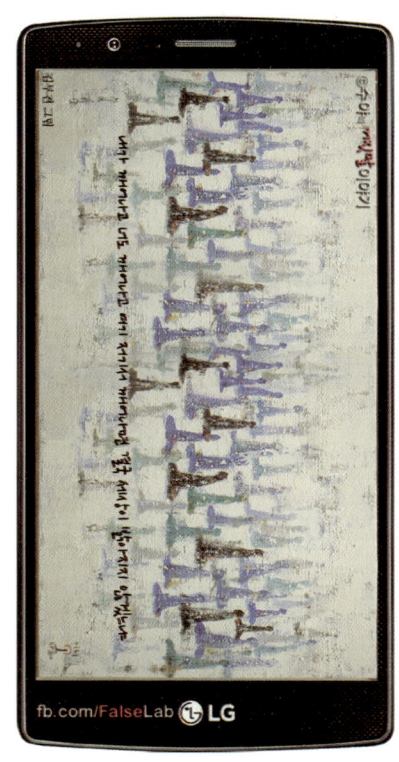

범죄

거짓말 이야기

보시

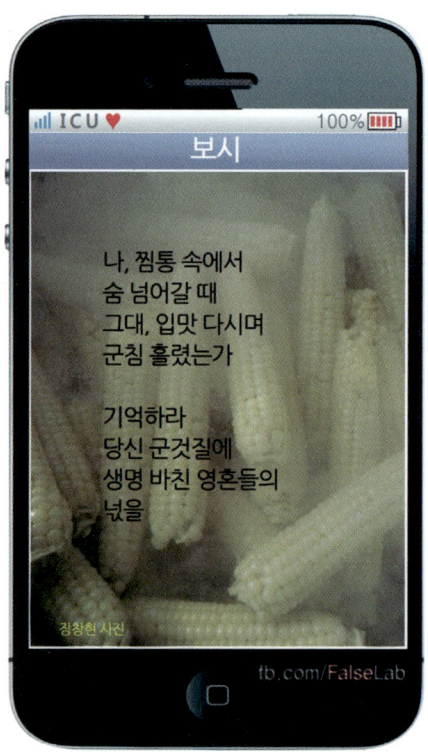

나, 찜통 속에서
숨 넘어갈 때
그대, 입맛 다시며
군침 흘렸는가

기억하라
당신 군것질에
생명 바친 영혼들의
넋을

본성

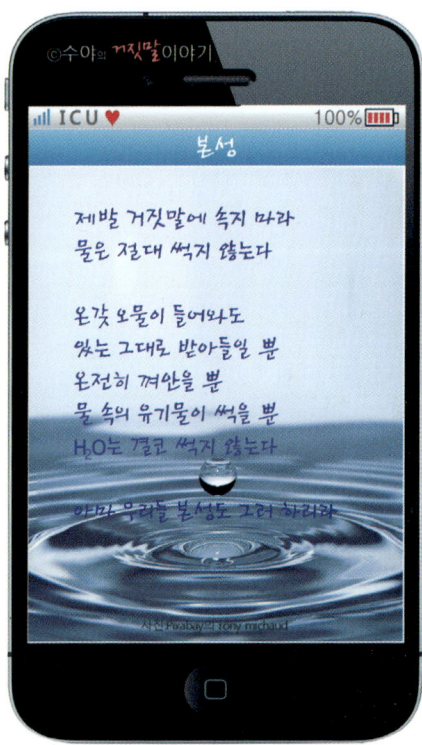

ⓒ수아의 거짓말이야기

본성

제발 거짓말에 속지 마라
물은 절대 썩지 않는다

온갖 오물이 들어와도
있는 그대로 받아들일 뿐
온전히 껴안을 뿐
물 속의 유기물이 썩을 뿐
H_2O는 결코 썩지 않는다

그러므로 우리들 본성도 그러하리라

본성2

# 본향

부탁

나에게 거짓말을 해주세요
내가 지쳐 있을 때
부디 나에게 거짓말을 해주세요

나에게 거짓말을 해주세요
내가 외로워 지칠 때
부디 나에게 거짓말을 해주세요

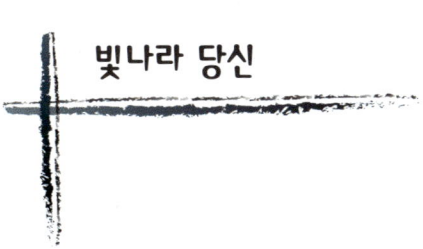

빛나라 당신

사소함

사진

사진은 불필요한 것을 안 보는 예술이다.
삶도 그렇다.

산문답

"산에 왜 가냐고?"
"그래, 궁금 해. 왜 사서 고생하는지"
"자네 왜 태어났어?"
"뭐?"
"이리 와! 이거 한 잔 혀..."

백승기 사진

거짓말 이야기

상상의 힘

ⓒ수야의 거짓말이야기

상상의 힘

"자기 등을 볼 수 있나요?"
"본다면 상상이겠지요"
"정수리와 발바닥을 동시에 볼 수 있나요?"
"그건 이중 상상이겠지요"
"지금 자기 몸을 상상하고 있지 않나요?"
"내 몸은 실재하지요"
"실재한다는 강력한 믿음,
그건 생각인가요? 상상인가요?"

사진 Pixabay NoName_13

ⓒ수야 www.facebook.com/widenback

선택

세 착각

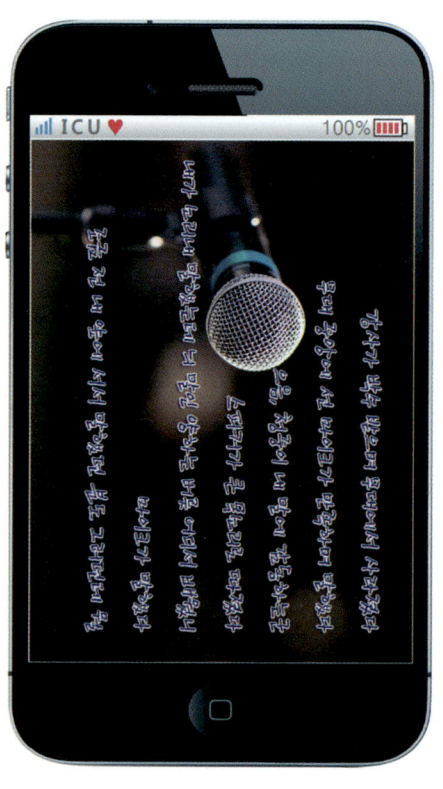

소주

소주

"아빠, 돈 많아요?"
"뭐 말하려고?"
"소주는 맨날 어디서 가져와요?"
"가슴에서…"
"소주가 가슴에서 생겨요?"
"눈물이 고인 거지"
"아빤 가슴으로 울어요?"
"아니, 입으로 …"
"소리도 나요?"
"궁금하면 한 잔 따라라"
"자, 마시세요"
"캬아~~!"

fb.com/FalseLab

시선

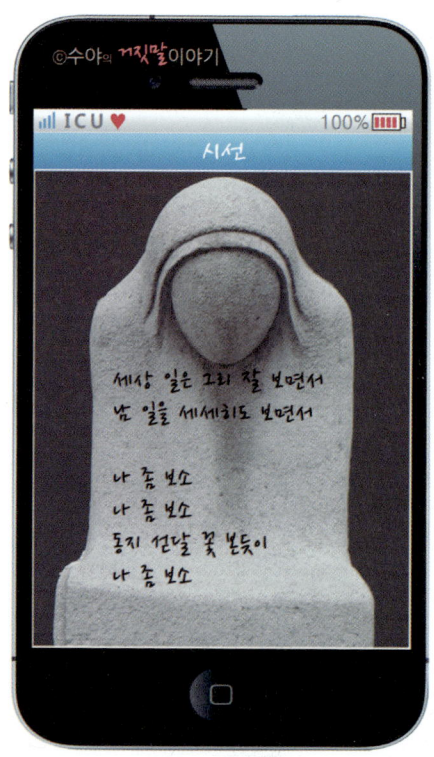

안내견

세상을 제대로 못보는 나를
안내견처럼 충직하게 이끌어 온
그대만도 못한 선임견

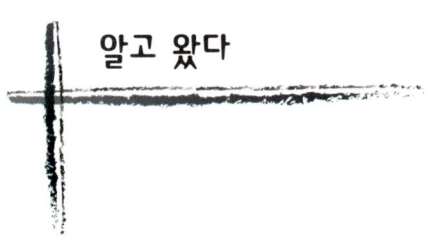

알고 왔다

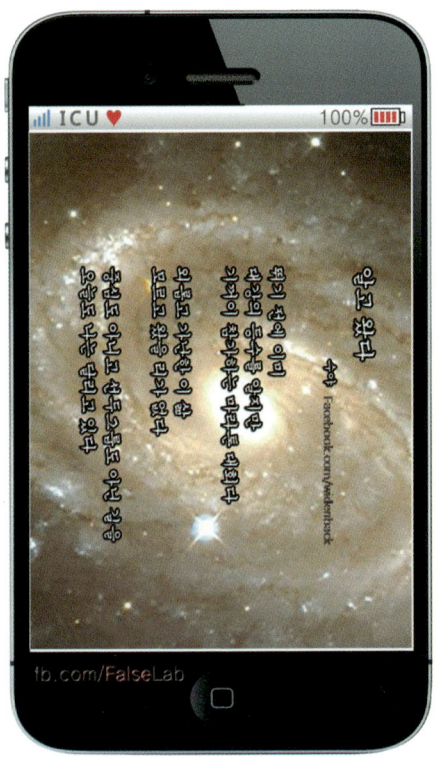

알고 왔다

수야 facebook.com/wisdomback

별 거 아닌 일에
복잡한 듯 안 그런 척
지구의 중력을 무시한 채
허공만 바라보던 너의 모습

알고 있었다 내가 먼저
다가가서 안아주어야 함을
조금 전 오늘 만났을 때부터

fb.com/FalseLab

어둠의 빛

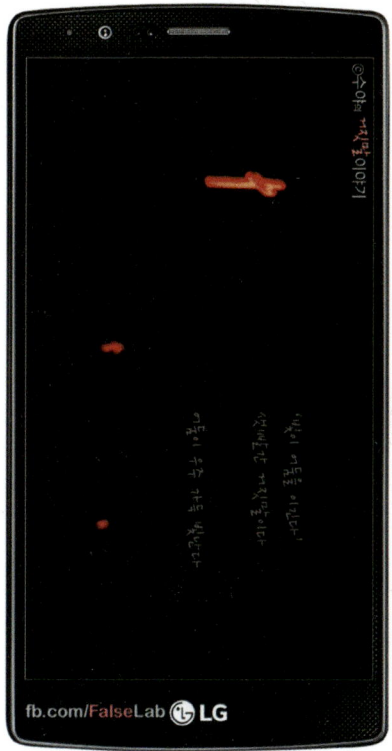

얼룩말

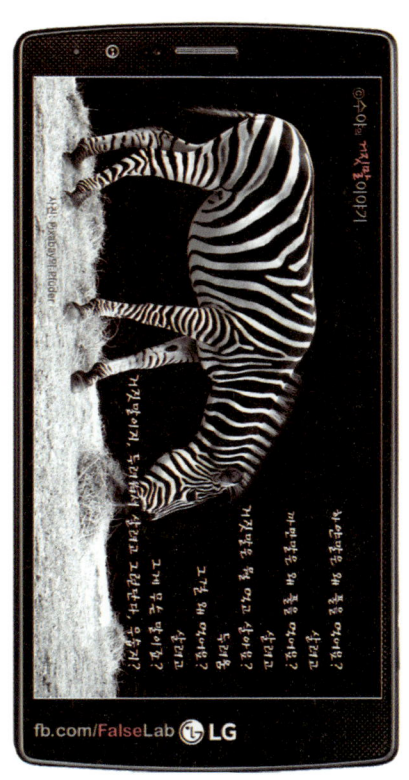

거짓말 이야기

식물의 역할

열쇠

당신이나 나나
어쩌면, 별 거 아닌 것들에
우린 쉽게 갇혀지고
손에 열쇠를 쥐고.

오래된 진리

운전

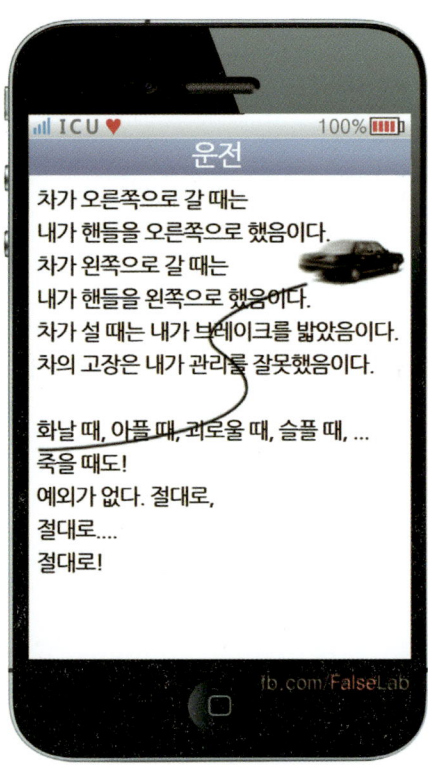

운전

차가 오른쪽으로 갈 때는
내가 핸들을 오른쪽으로 했음이다.
차가 왼쪽으로 갈 때는
내가 핸들을 왼쪽으로 했음이다.
차가 설 때는 내가 브레이크를 밟았음이다.
차의 고장은 내가 관리를 잘못했음이다.

화날 때, 아플 때, 괴로울 때, 슬플 때, …
죽을 때도!
예외가 없다. 절대로,
절대로….
절대로!

원

원숭이

거짓말 이야기

전가

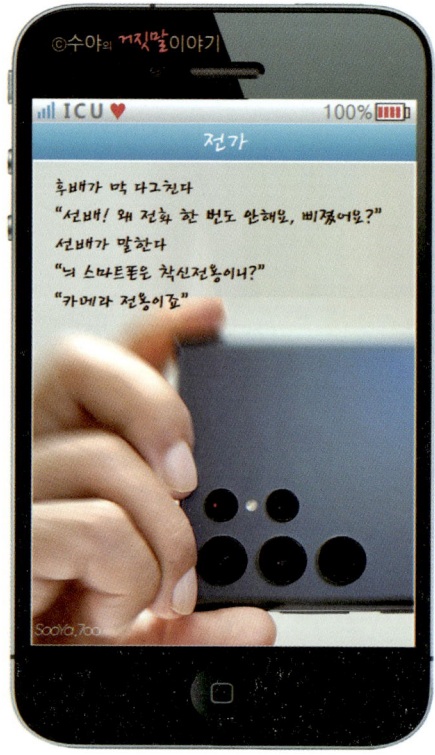

주권

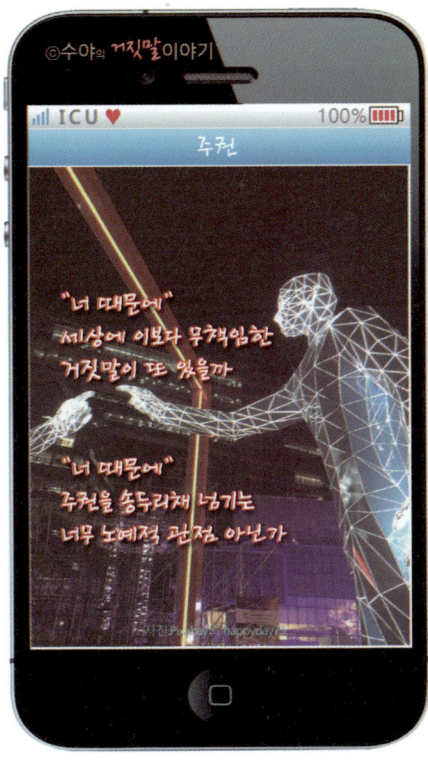

"너 때문에"
세상에 이보다 무책임한
거짓말이 또 있을까

"너 때문에"
주권을 송두리채 넘기는
너무 노예적 관점 아닌가

증거

지켜야할 것

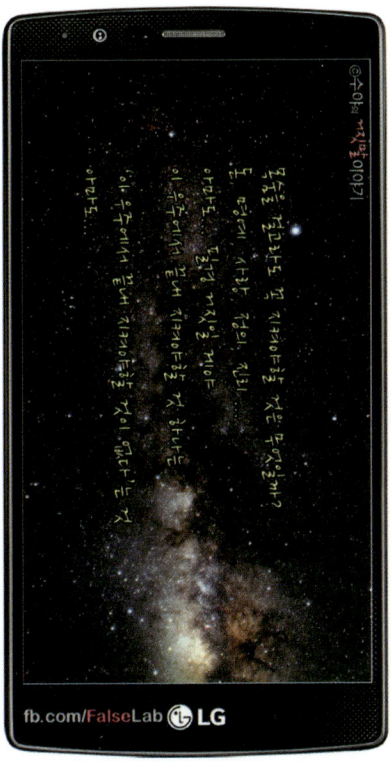

거짓말 이야기

목숨을 걸면서 꼭 지켜야하는 것은 무엇일까?
돈, 명예, 사랑, 정의, 진리...
아니면 그런 거창한 것은 아니더라도
이 우주에서 오직 지켜야할 것이 있다는
이 말도..

책임

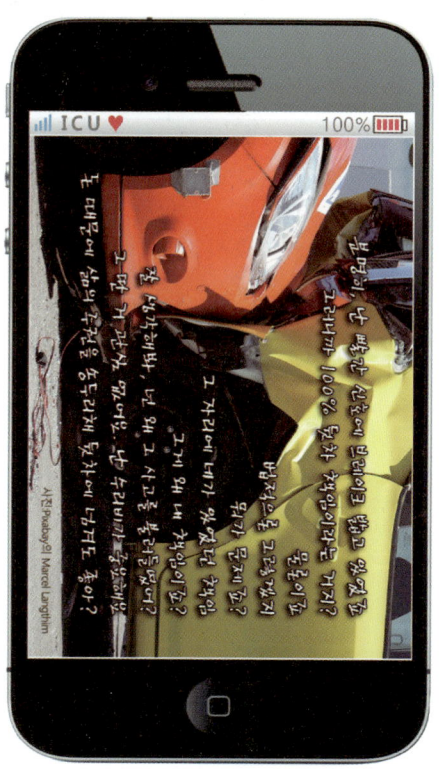

누군가에게 책임을 묻는다는 건 뭘까?
무언가 잘못되었을 때, 그 사람이 '책임지고' 물러난다고 해서 그게 해결이 되는 걸까?
내가 책임질 일이 있다면, 그 상처입은 사람에게 먼저 나누어가야 하지 않을까?
그 사람의 고통을 느껴보려고 노력했을까?
삶의 무게를 온몸에 짊어지고 살아가야만 한다.
그게 삶이다.

사진 Pixabay의 Marcel Langthim

청소

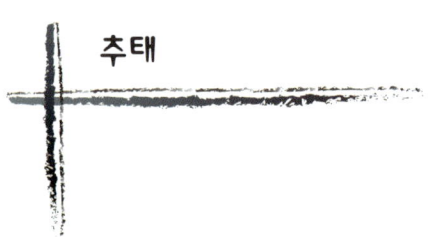

추태

당신 스스로 얼마나 못났으면
우월감으로 칭칭 감고 사느냐

당신의 횟걸이 얼마나 많으면
허구한 날 나를 지적질하느냐

당신의 열등감이 얼마나 크면
알지 않는데 가르치려 드느냐

당신이 고양이 얼마나 많으면
아는 척 우아한 척 척척박사냐

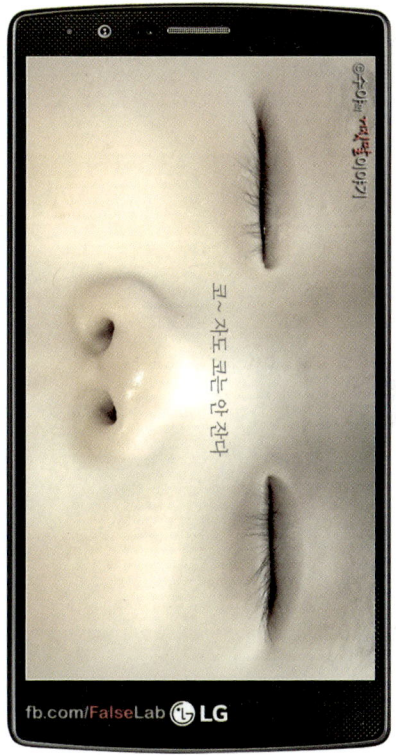

코딩

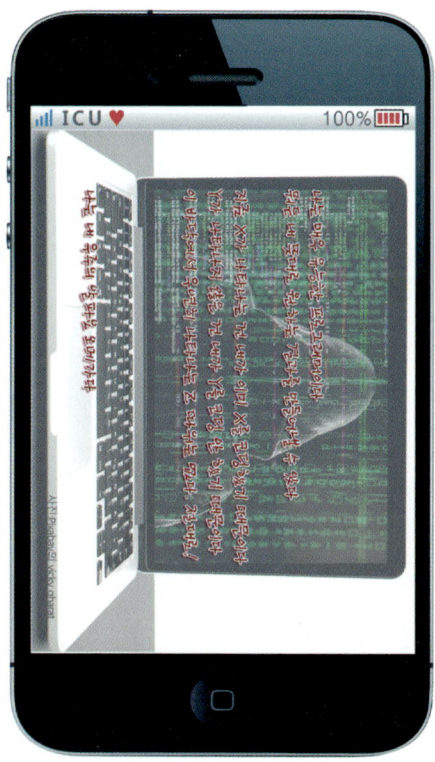

투명

틀 4

호박꽃의 새벽

흔들리지 않는 꽃

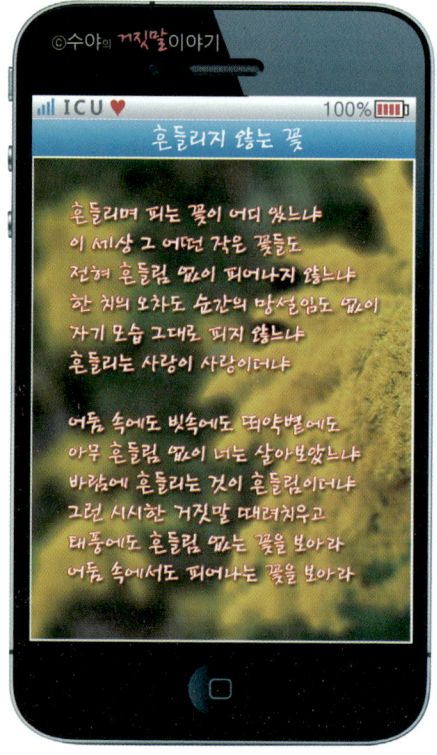

ⓒ수야의 거짓말이야기

흔들리지 않는 꽃

흔들리며 피는 꽃이 어디 있느냐
이 세상 그 어떤 작은 꽃들도
전혀 흔들림 없이 피어나지 않느냐
한 치의 오차도 순간의 망설임도 없이
자기 모습 그대로 피지 않느냐
흔들리는 사랑이 사랑이더냐

어둠 속에도 빗속에도 뙤약볕에도
아무 흔들림 없이 너는 살아보았느냐
바람에 흔들리는 것이 흔들림이더냐
그런 시시한 거짓말 때려치우고
태풍에도 흔들림 없는 꽃을 보아라
어둠 속에서도 피어나는 꽃을 보아라

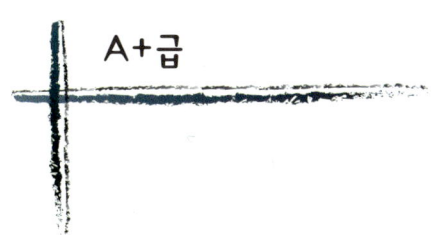

A+급

이름 위묻고
아등바등 매달려 함겹게 산다고 거짓말 마라
너희들 절대적 본성은 개성 넘치는 A급들 아니더냐
아니지 A+급 아니더냐

거짓말 이야기

고소공포증

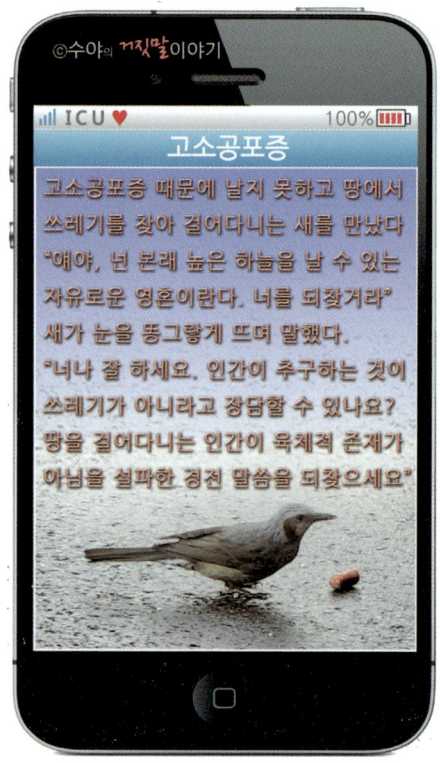

성배

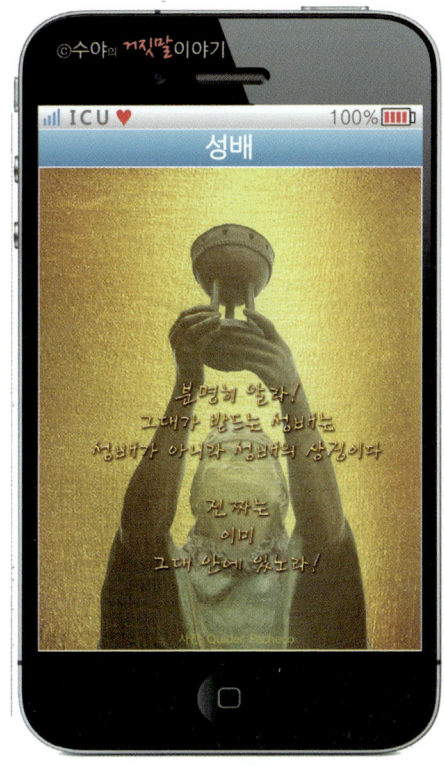

지적

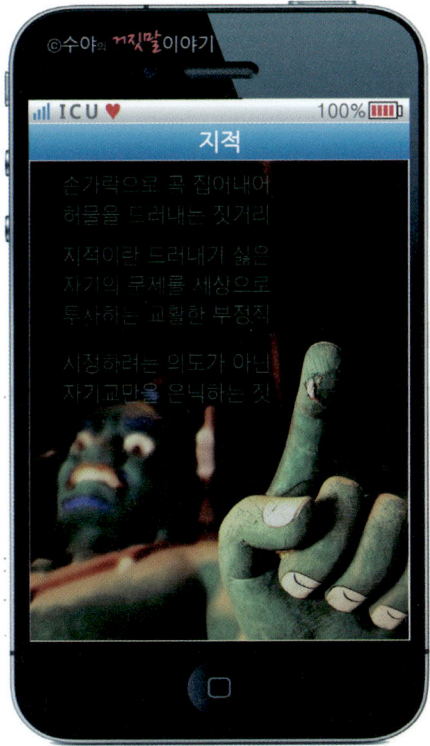

지적

손가락으로 콕 집어내어
허물을 드러내는 짓거리

지적이란 드러내기 싫은
자기의 추세를 세상으로
투사하는 교활한 부정직

시정하려는 의도가 아닌
자기교만을 은닉하는 짓

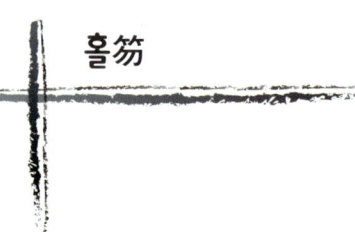

홀笏

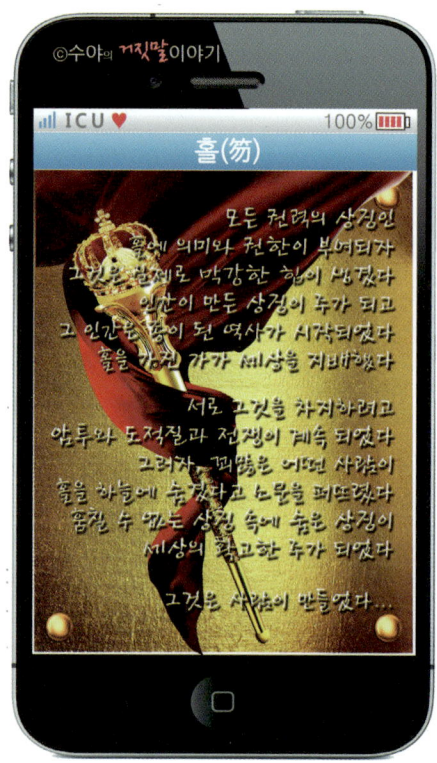

AI시대

인간이 만든 경전에
인간이 지배당한 세월이 오래다

인간이 만든 A.I에
인간이 지배당하는 길이 열리고 있다
얼마나 오랜 세월일지 누가 궁금해어라

투사

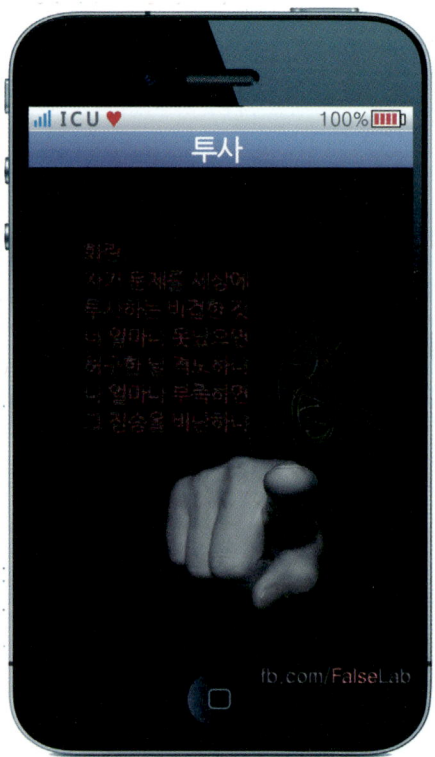

보고 싶은 문자 씨 1

 문자

셀프

셀프

울리지않는전화벨
보고싶은문자씨도
끝내나를외면하니
나에게셀프문자질
드디어문자가왔다

사연

거울2

거울 2

거울을보며말한다
나는다른사람은다
속여도너를속일순
없다거울아거울아
잘난척좀그만해라

거울3

거울 3

다른걸보태지않고
하나도숨기지않고
받은대로돌려주니
거울아거울아네가
이세상제일예쁘다

걸레

걸레

바닥에서온갖것을
다닦아내고도아무
내색이없는당신의
품격은대체얼마나
높은겁니까걸레님

걸레3

걸레 3

걸레는 행주가 하는
일을 자기가 한다고
나서지 않는다 자기
분수를 자기가 안다
걸레는 빨아도 걸레

걸레4

걸레 4

낮은이들을돌보던
수단의이태석신부
인도의테레사수녀
버려진것들보듬는
안방엔무명의걸레

광복

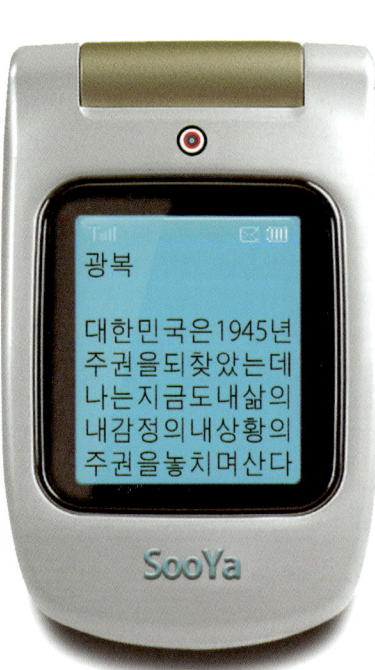

광복

대한민국은 1945년
주권을 되찾았는데
나는 지금도 내 삶의
내 감정의 내 상황의
주권을 놓치며 산다

구두솔

구두솔

심각한고민이없다
항상쓱쓱해치운다
지저분한것들쓱쓱
미련없이거침없이
쓱쓱잘도털어낸다

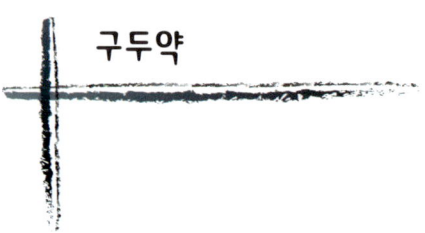

구두약

구두약

신도 아닌 것이 감히
신발장에 들어 있다
어쭈 리약도 아닌 게
약이라고 폼 재면서
그래도 광빨 뿌린다

기준

기준

에고는내가만든것
에고에기준을두면
만족을하지못하고
나에게기준을두면
부족함이전혀없다

꽃

세상의모든꽃들은
피어나기전까지는
꽃봉오리속에갇혀
쭈그러진상태였다
움츠린그대여아자

꽃7

꽃 7

당신은나를보나요
당신의생각에잠겨
있지는않나요나를
볼때는나만보세요
다른생각마시고요

나너

나너

내가나를나라하지
않고내가남을너라
하지않으면그래도
나는나너는너로서
존재할수있을건가

냉장고

냉장고

너비록청정하다만
그무엇이두려워서
바람한점못통하게
문꼭꼭쳐닫고홀로
외로이떨고있느냐

빛과 함께1

도심형 수상스키

새의 무게

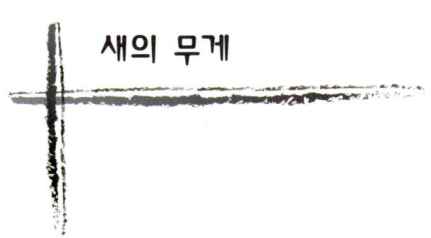

두 친구

999번 시내버스

가을 스케치

자서전

갈 곳 없는 외출

개구리는 없네

갤럭시

노을 모자이크

경기전 노양이

경청

꽃방석

채집

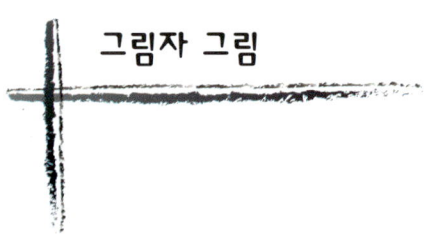

그림자 그림

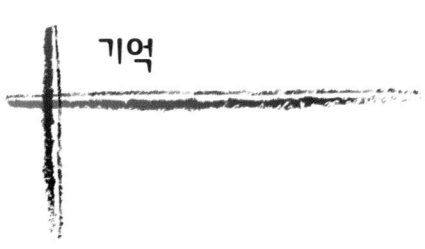
기억

빛과 함께

꽃길

간격

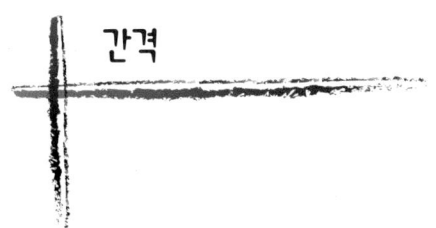

빛과 함께1

낮술의 위력

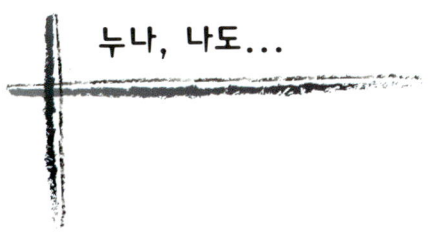
누나, 나도…

눈이 피운 꽃

고샅 길

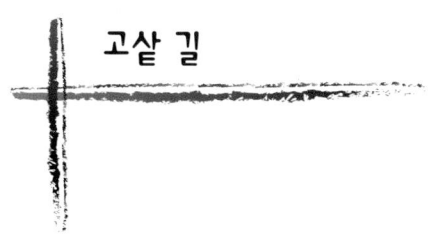

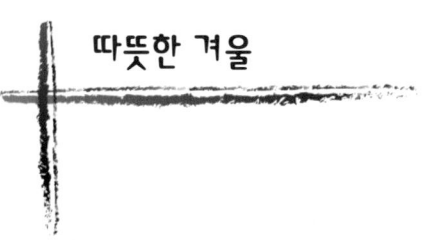

따뜻한 겨울

고목의 향기

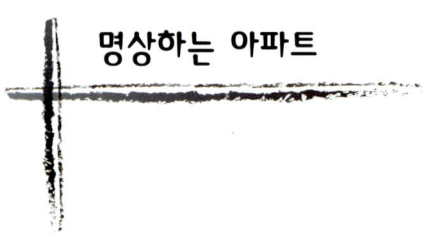

명상하는 아파트

무지개 속에서

해묵은 오늘

우산나무

비 오는 날도 연습

추억여행

빛을 품은 벽

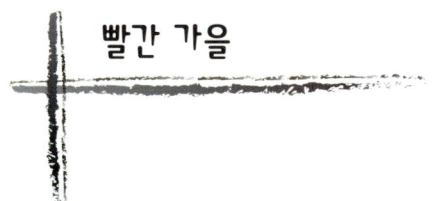

빨간 가을

두 길

억새촌

석양을 품은 잔

세내교 기하학

SooYa.7oo

셀카 놀이

시인의 집

스마트폰의 기술력

SooYa,7oo

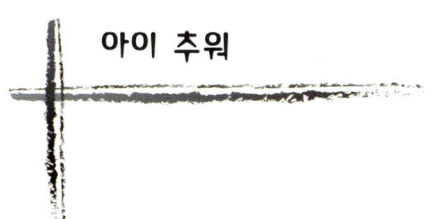

아이 추워

아파트 옆집

얼룩말 가족

여린 것들

열쇠꽃

눈물 파티

목욕재계

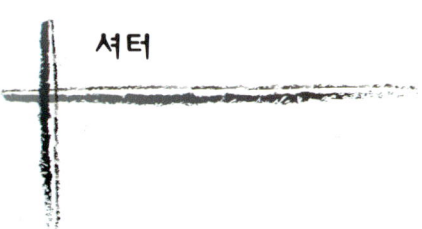

셔터

전라감영

빛과 함께

전주역 원경

광복

차양

꼬마의 추억

침엽수의 침공

폭설주의보1

물꽃밭

빛강림제

적재적소

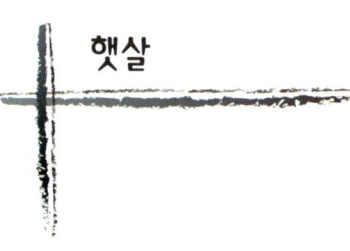

햇살

향교길 창

바다의 추억

재밌는 눈1

숲속 요정

나도…

물 위를 걷는 사람들

빨간 스커스 속

4차원 풍경

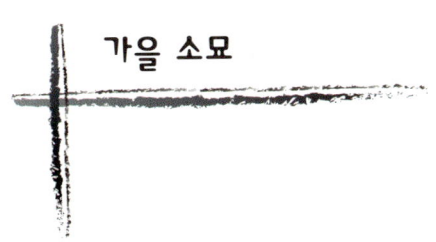
가을 소묘

같은 길, 다른 교행

재밌는 눈1

ET 친구

고래의 꿈

공사중

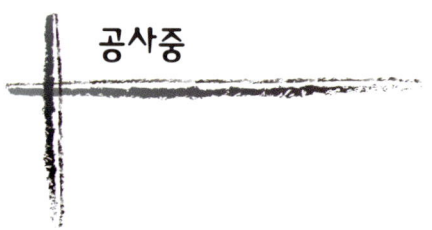

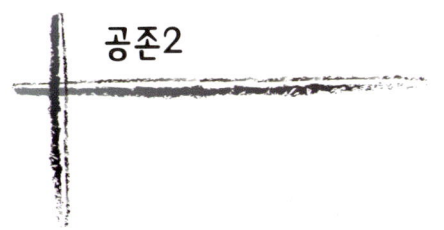

공존2

재밌는 눈1

안수 기도

채스꽃

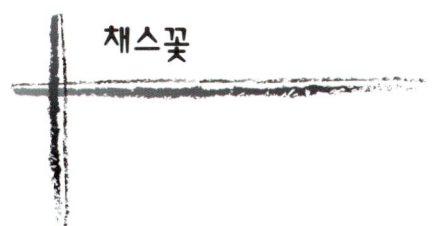

늙은 학춤

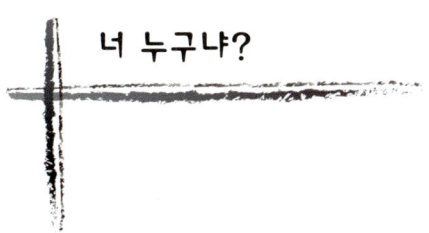

재밌는 눈1

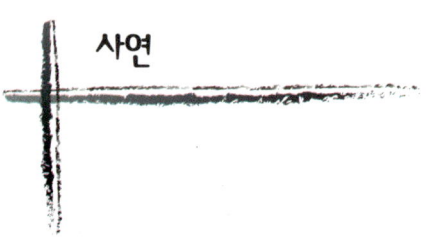

사연

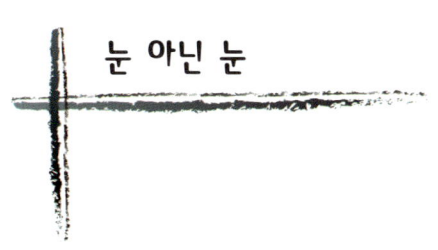

눈 아닌 눈

좋아, 너무 좋아

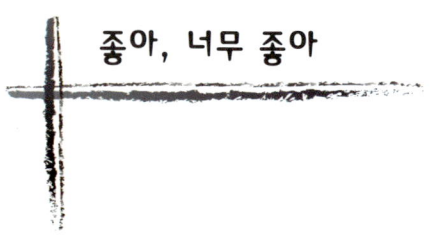

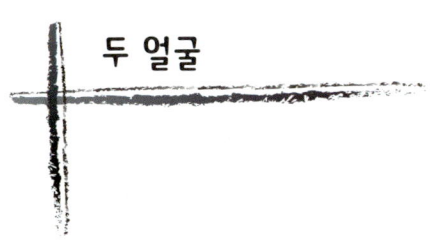

두 얼굴

운 좋은 날

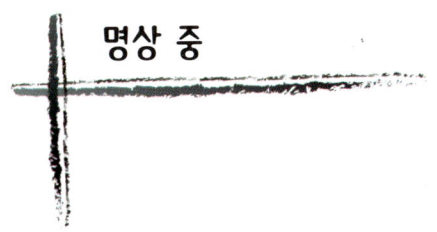

명상 중

무중력에서 본 달

뭐지?

재밌는 눈1

묵상

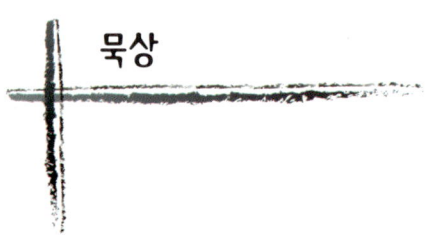

보색 주차

복

분홍들

불여시의 홀림

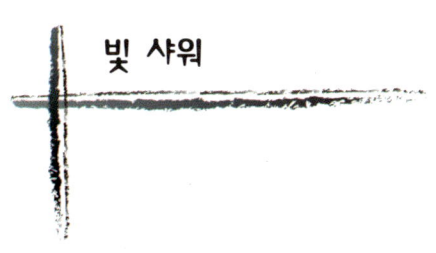

빛 샤워

빠르게 걷는 나무

산과 산더미

생명

j-crown

재밌는 눈1

펑키 셀카

수승화강 水昇火降

보상

질투

재밌는 눈1

눈물 편지片池

목격자

조각 : 김성균

재밌는 눈1 201

아파트를 갉아 먹는 오리

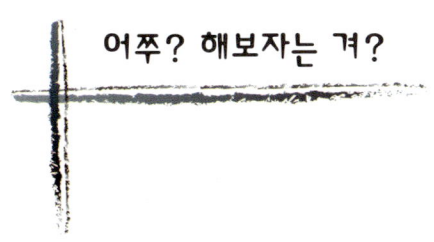

어쭈? 해보자는 겨?

왜?

우주 속 공간

Cyclops의 응시

율려 律呂

작업 중

전도 단속 중

전주역 현관

도로 변

조각공원

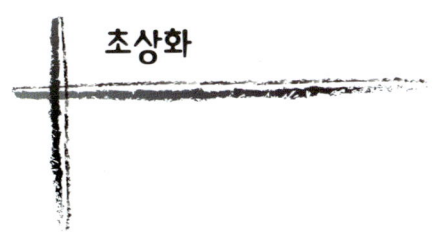
초상화

春秋加節 (나이 느는 계절)

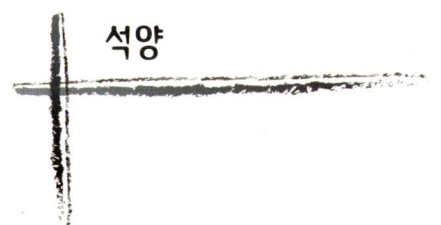

석양

파이프(흡 또는 출)

폭설에 놀란 쓰레기함

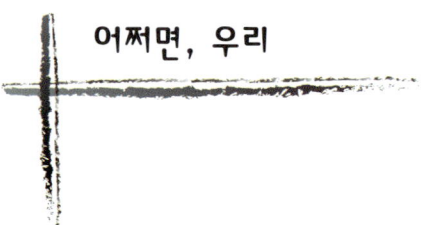
어쩌면, 우리

현재가 품은 과거와 미래

흑마법사 도한

ufo 본선, 전주

일수차천―手遮天

혼잣말들 1

빛나는 조연

빛은 스스로 밝아서
다른 것을 비춰주는 조연이다

세상의 조연들아
슬퍼하지 말자
그대가 이미 눈부신 빛이니
그로써 세상을 밝히자.

당신은,
'사랑하기' 위해 태어난 사람

개자유

누렇게 빛나는 황철석이 금인가
목줄만 풀리면 자유인가, 아니다
어떤 의존도 없는 완전한 독립이 아닌 자유라면
빛 좋은 개자유다

진정 스스로 결정하는가
정말 홀로 서 있는가
정신적 목줄 없이 진짜 자유로운가

더도 말고,
스마트폰, 개, 고양이 등에 매어 살지는 않는가

역할

뛰어나지도 지위가 높지도 않다
특별히 내세울 것도 없다
알아주는 사람도 별로 없다
낮은 곳에 머무니 눈에 잘 안 띈다

그래도
고유한 자기만의 역할이 있다

바로 당신!

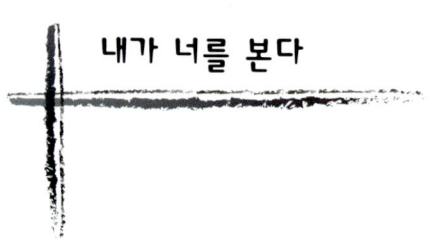
내가 너를 본다

순간순간 변하며
머지않아 사라질 구름 한 조각이
순간순간 변하며
머지않아 사라질 나를 바라본다

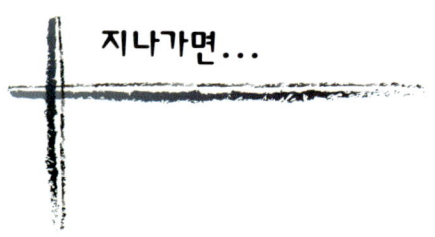
지나가면...

마스크에 얼굴이 가려지고 모자를 깊게 눌러쓴 사람이
지나가다가 뒤돌아서서 말한다.
"사람이 지나간 뒤에 찍으세요!"
어투가 사뭇 도전적이고 시비조다.
"네. 저는 예쁜 길을 찍을 거니까 얼른 지나가세요"

지나간 그 사람의 불편한 감정에 담긴 가르침을 상냥한 어투로 번역한 사진 강의 : "사람이 지나가고 소실점에 다달았을 때, 사진을 찍으세요. 그래야 멋진 거예요. 알았죠?"

'동과 서

우리 전통사상의 근본은 천손天孫 의식이다.
'하늘에서 왔다'는 관점으로써
모든 존재의 근원이 하늘(우주)이다.
서양은 자기 자신을 중심으로 세상을 인식한다.

주소 표기가 대표적 예다.
우리는, 전체(우리)로부터 나를 인식한다.
하늘에서 땅으로 내려오는 관점이다.
(우주, 은하, 태양계, 지구, 국가 : 이건 공통이라 생략)
도, 도시, 구, 도로명, 번지, 아파트, 동, 호, 이름
이렇게 밖(전체)으로부터 자기를 인식한다.
서양은 땅에서 하늘로 향하는 관점이다.
이름, 호, 동, 아파트, 번지, 도로명, 도시, 주, 국가
이렇게 자기를 중심으로 가까운 것부터
점점 밖으로 나가는 관점으로 세상을 인식한다.

재미발전소

어쩌면 세상은 큰 놀이터.
미끄러져도 재밌다, 삶이.

놀면서 배운다, 아이들은.
버티다 죽는다, 어른들은.

그네

흔들림이 재미다, 그네는.
흔들림도 재미다, 인생은.

고추 단속

뜨거운 느낌 짜릿한 불꽃
그 맛에 빠져 중독도 되지만
아서라
너를 넣어야 할 곳이 따로 있고
넣으면 안 될 때도 있나니
너의 화끈한 힘 다스릴
철조망 녹스는 걸 경계하거라

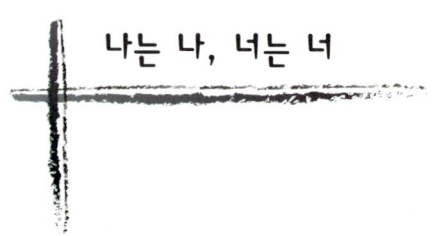

나는 나, 너는 너

잡초는 장미 앞에서 주눅 들지 아니 하며
장미는 잡초 앞에서 거만하지 않다
잡초는 잡초들끼리 서로 기대지 아니 하며
장미는 장미들끼리 경쟁하지 아니 한다

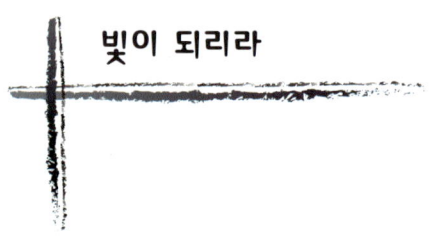

빛이 되리라

SooYa.7oo

물질화 되어 부대끼며 살고 있지만
끝내는 빛으로 승화하고 말 거야, 우리.

머리 빤 구수회의 鳩首會議

비둘기처럼 머리만 맞대면
구수회의일까?
가슴을 맞대지 않으면
서로 박치기나 하고 말 텐데…

가슴을 맞댄 의자들의 시범처럼
똑똑하고 잘난 머리, 내려놓고
우리 서로 가슴으로 느끼는 세상

왕년엔…

그러나
그것은 다 지나가 버렸다
지금 여기에 없다

과거
엄연히 존재했던 객관적 실체가 아니다
그것은 지금 지어내는 허상일 뿐

모든 사진은
지금 實在하지 않는 과거의 잔상일 뿐

낙관주의

그대, 예술 하는가?
즐겁고 재밌게 작품을 하라
결과물에 기뻐하며 셀프 감동하라
알아주는 이 없어도 비관하지 말라
자기 작품에 자부하며 스스로 낙관하라

임대 방언

꽁꽁 얼어붙은 세상을 향해
소리소리 지르다, 끝내
갈기갈기 찢어진 목청
가벼운 바람에도 깃발처럼 휘날리는
이것은 소리 없는 방언
"please, lease (프 리~즈, 리~스)"

산길 같은 살길

SooYa.700

굽이굽이 울퉁불퉁 험난한 삶의 길
꾸준히 한 발 한 발 오르노라면
언젠가 산꼭대기에 서겠지.
그래봤자 또 내려올 테지만... 암튼
오를 때 특히 내려올 때 부디 조심해!

아참, 그러나 잊지 마!
매 순간 순간 잘 느끼고 즐기는 거야.

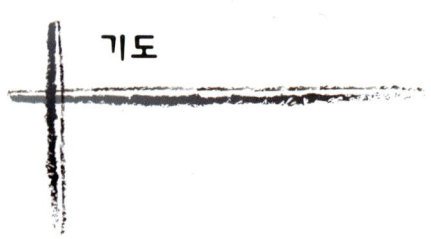
기도

1. 명사
어둠 속에서 빛을 향해 뵘. 또는 그런 의식

2. 명사
빛 속에서 빛을 찬미, 감사하는 마음

긴 여정 마무리, 본향本鄕 가는 길
가파른 계단, 병원 가는 길
힘겹게 힘겹게, 홀로 가는 길

소문난 명당터

삶의 길이 있고 죽음의 길이 있다
매미는
죽음의 길을 통해 삶의 길을 간다
사람은
삶의 길을 가지만 끝 모를 두려움
에고가
만든 영생은 관념 속 헛꿈 아닌가
깨어나
영원히 죽지 않는 너 자신을 알라
자연이
매미 네 마리를 통해 설교하는 중

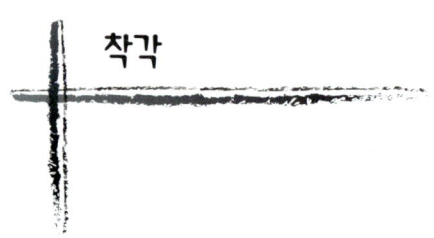

착각

찜통에서 막 꺼내진 찐빵.
"휴~ 살았다! 하마터면 죽을 뻔했다"

팔려나가던 빵의 혼잣말.
"삶이란,
어쩌면 짧은 안목의 착각인 게지..."

공색空色

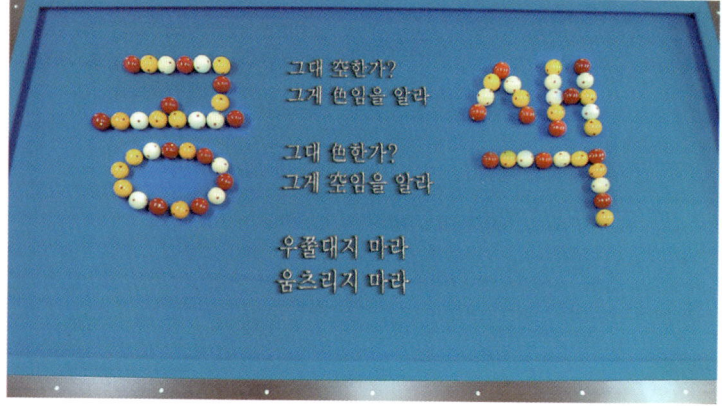

色不異空 空不異色
色卽是空 空卽是色

없음과 있음이 둘이 아니며
色이 바로 空이며 空이 色이니
알록달록 공의 색깔에 현혹되지 마라

물질이 그렇듯 느낌, 생각, 행실, 의식 또한
있다고 뻐기지 말며
없다고 기죽지 말며

그래, 그래

우쭐대도 괜찮아
움츠려도 괜찮아

하찮은 것의 가치

바퀴가 튼실하고 엔진의 힘이 넘쳐도
밧줄이 잡아주지 않으면 차가 못 간다
때로는 사소한 것이 전체를 지배한다
밧줄아 넌 하찮은 존재 아냐, 그렇지?

억새 202동

사람들 아파트는
기껏 삭막한 50세대 남짓인데
억새 아파트 202동은
줄잡아 수천 세대, 포근한.

날 기억해 줘

날 좀 봐 달라고, 알아달라고
온갖 치장과 멋진 재능 또는 위선…
꽁꽁 감싸 미화한 갑옷 때문에 정작 진짜
너를 볼 수가 없어, 어쩌나…

괜찮아 괜찮아
내세우지 않아도 꾸미지 않아도
너는 늘 온전한 너야

또래

사진으로 시간을 찍을 순 없다
사실인즉,
시간은 실재하지도 않는다
과거와 미래도 역시 개념일 뿐이다

반려 비서

무궁무진 능력자인 내 스마트폰은 눈이 여섯.
내 관점놀이의 완벽한 '반려 비서'다.

필름, 현상, 인화도 필요 없다.
초점, 노출, 셔터 속도, WB, 구도, 심지어 보정까지…
이런 섬세한 것 하느라 신경 쓰지 않아도 된다.
반려 비서가 최적값을 자동으로 정해준다.

출사, 사진의 품질, 작품성에 대한 고민은
사진학도나 사진가들의 몫으로 남기면 어쩌랴.
카메라, 렌즈, 고급 장비들 또는, 촬영 기교 등을
아마추어가 꼭 갖추어야 하는 건 아니다.

해 뜨면, 해 지면, 달 뜨면, 별 뜨면, 비 오면,
눈 오면, 꽃 피면, 꽃 지면, 흐리면, 맑으면,
어두우면 … 내 삶의 모든 순간순간
마냥, 재밌다. 귀하다. 고맙다. 풍요롭다. 행복하다.

약간의 미적 감각과 열린 마음으로, 다양한 관점을,
내가 설정하는 프레임 안에 담는 관점놀이,
빛그림(PhotoGraph)을 즐기니
반려 비서가 영을 말랑말랑 건강하게 돕는다.

겨울 해바라기

사람들이 다니는 양지바른 길가
추위보다 훨씬 더 매서운

♬ 지독한 외로움에
쩔쩔매 본 사람들은 알지 음 ♬ 알게 되지
사람이 꽃보다 아름다워 ♬

'솟'자의 의미

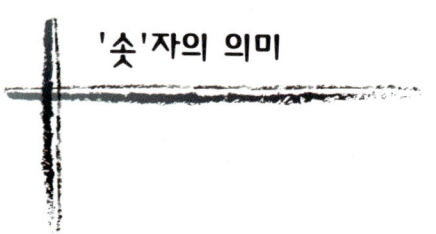

'ㅅ',
'ㅗ',
'ㅅ'
위로 하늘로 향하는 모양의 음소들이 가로도 아닌
세로로 모여 '솟'이다.
한글은 소리글자이면서
동시에 뜻글자 상형문자다.
'솟'대 '솟'다 '솟'구다 '솟'아나다
'솟'아오르다 '솟'구치다
모두 위로 하늘로 향하는 생동감을 담은 의미들이다
'솟구치는 것을 잘 억누르고 자제하라'는 교훈이 담긴
거룩한 글자
'좆'^^

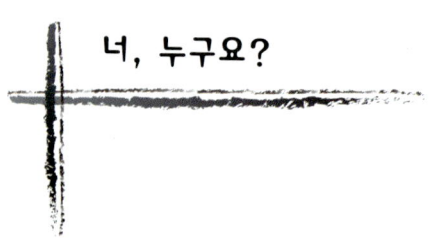

너, 누구요?

어깨높이 낮추어 탁발하는 예수처럼
지극히 낮은 곳을 쓸어 안아 보듬는 사랑

온갖 먼지 오물 다 핥아내면서도
어떤 에고도 드러내지 않는 무심

목욕재계 정좌하여 묵언 수행하시니
해맑은 기운 뿜어내며 펑키하신 당신

책 읽어 다다른 경지는 아닌 듯한데
혹시 재림 부처 아니시온지요?

예禮

여필종부**女必從夫**는 케케묵은 옛말
요즘 대세는 **男必從婦**
禮의 핵심은 존중과 배려
언제나 여성을 앞세우라
다소곳이 아내 말을 따르라
토 달지 않고 예, 예 그게 바로 **禮**다

숫자 우주

아무리 들여다 봐도 시간이,
세월이 보이지도 실감이 나지도 않는다.
그저 숫자일 뿐!

체중, 시력, 혈압, 혈액 내 여러 수치들…
건강도 숫자.

계좌에 숫자가 크고 작고 늘고 줄고
돈도 숫자일 뿐!

요즘은 1과 0, 두 숫자로 음악을 만들고 사진을 그린다.
TV도 카톡도 인터넷도 chatGPT도…

이 묘한 시뮬레이션 속이 온통 숫자이다.
내가 사는 이 우주…

街路獸의 포효

또 하루가 지나감을 시사하는 붉은 석양에 놀랐는가?
날마다 잎 색을 바꾸며 야위어가는 가을을
보냄이 두려운가?
"크아~아~앙"(가지 마!) "크아~아~앙"(가지 마!)
街路獸의 포효가 빛처럼 눈부시다.

꽃

흔들리며 피는 꽃이 어디 있더냐
비바람에도 어두운 밤에도
한 치의 흔들림 없이 저마다
제 꽃을 고스란히 피워내지 않더냐

모든 것이 변한다, 끝내는.

이제 곧 들녘엔 찬바람 일고
눈도 쌓이고... 또,
녹은 자리에 아지랑이도 피어나겠지...

이 우주에서 변하지 않는 오직 하나.
'모든 것이 변한다'는 사실.

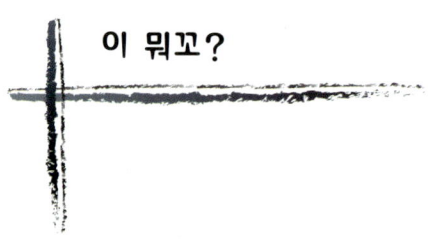

이 뭐꼬?

감투가 나인가?
옷이 나인가?
얼굴이 나인가?
몸이 나인가?
생각이 나인가?
의식인 나인가?
What am I?
대체, 이 다 뭐꼬?

백내장

나이 지긋하신 도로 반사경의 백내장이 심하신
상태다.
안약으로는 안 되고 필경 수술을 하셔야할 듯하다.

"어찌거쏘?
나이 들어 백수(白首)인 거슬."

옹벽

정직하게,
내 삶을 곰곰이 돌이켜보니

맙소사!
내 삶에서 부딪친 온갖 벽들은
다 내가 스스로 만들었네…

조건보다 의지

핑계대지 않기
변명하지 않기
원망하지 않기
분노하지 않기
슬퍼하지 않기
이 삶을 결정한 주체는 나
내 운명은 내 뜻의 나타남

먹이

우린 먹어야 살지만
안 먹어도 되는 것들도 곧잘 먹는다
'이것이 좋다', '이래야 한다'
남들이 쑤셔 넣어주는 것까지
꾸역꾸역

일용할 양식

몇 점 쪼아 먹더니 푸드득
미련 없이 사라지는 새
내일의 먹이를 걱정하지 않으니
탐욕을 모르고 마냥 가볍다

바람개비

바람이 바람인 바람바라기
바람 따라 뱅뱅 행복이 반짝반짝

부끄럽구나 나는
바람 없는 고요만 바람인 바보

삶은 터널

변명의 여지없이,
삶이란
스스로 만든 신념의 터널 속을 통과하는 것
그 안에 무지개를 그릴지
깜깜한 절망을 그릴지
내가 결정한다

황금빛 주름

시듦을 찬미하라
사라짐 앞에 겸손하라
이 순간을 노래하라
장미꽃인들 내 주름보다 아름다운쏘냐?

점점

2023년

재밌는독특한신기한기막힌절묘한예쁜멋진슬픈더러운단아한고요한심오한적막한이상한놀라운의미심장한비꼬는뜻깊은단순한 순간 순간 관점의 추억들이 점점 점으로 수렴되었지

 스마트폰의 공간을 확보하려고 어느날 그 점들이 오래된 순서로 점점 지워지겠지

 머잖아
 지구를 떠나면 내 삶 전체가 하나의 점으로 수렴될 테지

 그마저
 언젠가 사라지겠지

대화

"그러는 댁은 어떠슈?"
"저야 반듯하죠"
"몸 말고 맘 말이오"

주의 attention

어디를 보느냐?
어떻게 보느냐?
이 단순한 명제가 삶을 결정한다

긍정의 광명천지 …
과거에 슬픔에 고통에 어둠에 …

어디를 보느냐?
어떻게 보느냐?
이 단순한 명제가 삶을 결정한다

주의를 집중하는 것이 현실이 된다

거룩한 진지

화학적으로 따지면,
지구촌을 이루는 모든 것의 원재료는 본래 별가루다.
밥도 반찬도 역시 별가루가 원재료다.
진지의 본 뜻은
'밥이 하늘에서 왔음'을 아는 것.
밥은 거룩하다.

마치 새끼를 키우는 어미처럼,
수저와 젓가락은
진지를 꼼꼼이 입 안에 넣어주지만
정작
자기는 먹지 않는... 거룩함이여!

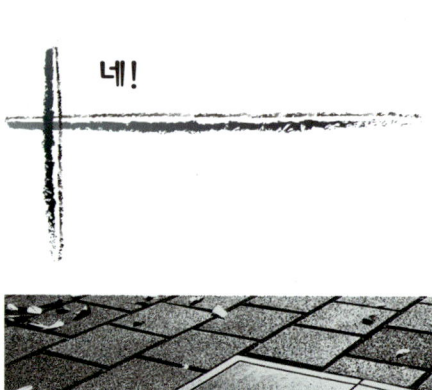

네!

"너, 꽉 끼어 있어 갑갑하구나?"
"네!"
"너, 꽉 끼어 있어 든든하구나?"
"네!"
"너 ,움직이고 싶구나?"
"네!"
"너, 꼼짝하기 싫구나?"
"네!"
"너, 내가 어떻게 물어도 '네' 할 거지?"
"네!"
"너, 내가 믿는 대로 대답하는구나?"
"네!"

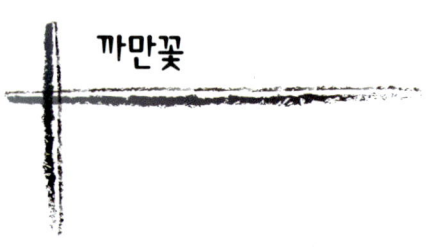

까만꽃

하얀 꽃이 배경으로 물러서니
까만 꽃이 피어난다.
너도 참 예쁘다.

노인과 청새치

마디마디 살점이 뜯겨 나간 남자의 갈비뼈
입맛도 밥맛도 사라진 틀니 사이사이에
잔기침과 햇살의 이명만 수북히 걸린 늦가을

암흑물질

우주의 본질은
과학적으로 아직 설명할 수 없는
그러나, 분명히 존재하는 암흑물질.
그 틈에서 별들이 겨우 빛을 낸다.
빛이 어둠을 이긴다고? ㅎㅎ
맞아, 아주 유치한 관점에서는.

어떤 광고

컴퓨터를 사용하는 것은 비인간적 비예술적인 행위라고 생각하는 구도자나 예술가들이 더러 있다.
네비게이션이나 스마트폰을 사용하면서 그것이 컴퓨터라는 것을 모르는 귀여운 관점이다.

디지털과 아날로그는 결코 둘이 아니다.
컴퓨터공학과 인문학이 둘이 아니다.

줌으로 만나는 수야의 '21세기를 사는 상식' 컴퓨터강좌는 새로운 관점으로 접근하는 인문학강의다.

영원한 불꽃

뭐니뭐니 해도 건강이 중요하다

육체적 건강은 아무리 노력해도
청춘은 나이 앞에 소진이 되고
결국 죽음이라는 한계에 이른다. 그러나
정신 특히 영의 건강은 한계가 없다.
이것은 꺼지지 않는 불꽃, 진정한 건강이다.
영이 건강해야 정신이 건강하다.
그래야 사는 동안 삶이 건강하다.

영의 건강을 위한 여러 방법이 있다.
가장 쉬운 것은 유연한 관점 유지다.
관점을 재밌게 전환하는 관점놀이는
영을 말랑말랑 건강해지게 한다.

영의 건강을 유지하는 중심은 정직이다.
정직은 온전해지는 길이다.

온전한 불꽃은 늘 유연하게 변화한다.
말랑말랑 ....

# 안녕

나는 당신을 사랑합니다. 여기 당신 곁에 내가 있습니다.

죽음이 찾아오는 것은 누구에게나 아주 자연스런 일입니다. 다만 그것이 당신에게는 지금 다가와 있을 뿐입니다. 당신이 나와 함께 이 세상에 좀 더 머물기를 바라기는 하지만 이제 더 이상 당신에게 집착하지 않겠습니다. 우리가 함께 보낸 시간으로 만족하겠습니다. 나는 당신과 함께 한 그 시간을 떠올리면 잔잔한 행복에 잠길 것입니다.

아이가 엄마의 자궁을 떠나 이 세상으로 나올 때 받는 힘겨움을 슬픔이 아닌 축복으로 보듯이, 지금 당신이 겪고 있는 고통을 이 세상에서 저 세상으로 가는 축복으로 아름답게 지켜보겠습니다.

이젠 당신이 본향(本鄕)으로 돌아갈 시간입니다. 나는 당신이 떠나는 것을 차분한 마음으로 허락합니다. 당신도 나의 작별인사를 허락해 주십시오. 지금 이렇게 헤어지지만, 우리는 혼자가 아닙니다. 늘 하나입니다. 살다 혼자라고 느껴질 때면 나는 당신을 생각하며 허공을 어루만질 것입니다. 당신도 내가 그리워지면 허공이 되어 나를 어루만져 주십시오.

이번 생에서 나와 함께 해준 시간의 선물에 대해 가슴 깊은 곳의 감사를 드립니다. 비록 몸은 헤어지지만 그럼에도 불구하고 나는 당신을 사랑합니다. 나는 당신을 사랑합니다. 다시 한 번 말합니다. 나는 당신을 진심으로 사랑합니다.

이제 나의 마지막 인사말을 받아들여 주십시오.
사랑하는 당신. 안녕!

천부경

보고 싶은 문자 씨 2

놀이

놀이

독수리가먹이찾아
수면에다가선순간
물고기는자기몸을
발톱에끼워한생명
살려주는건아닐까

다리미

다리미

인상구겨진무리들
뜨거운맛보여주며
일시에평정하는너
찌뿌둥한내삶에도
네능력을보여다오

동무

동무

딸돌날공원에갔다
난딸하고만노는데
딸은땅과도잘논다
땅과딸은처음만나
오래된동무가된다

돼지저금통

돼지저금통

별로 영양가도 없는
동전들로 배 채우고
그래도 행복하다며
언제든 배째라는 듯
빙그레 웃고 있는 너

마음에게

마음에게

내마음아너는내가
만들었는데어째서
네가주인인것처럼
나를끌고가는게냐
너는나를따르거라

면도기

면도기

날카로운발톱네개
은밀하게숨겨두고
맨살은그냥놔둔채
모난놈들만없애는
너의섬뜩한지혜여

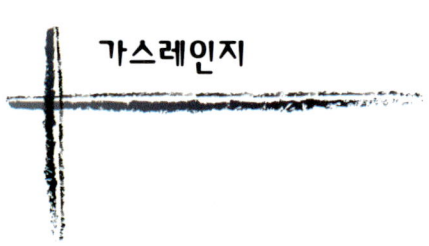

가스레인지

가스 레인지

꼭필요할때말고는
네숨통을막아놔서
너에게미안하다만
그러나명심하거라
힘있는너자중하라

믿음

어른들은왜믿음을
놓지못하는건가요
두려워서그런단다
뭐가두려운것이죠
믿음잃는게두렵지

믿음2

믿음2

믿음이란무언가요
무에서유를만드는
마법의핵심이란다
말씀으로천지창조
그말이곧이말이지

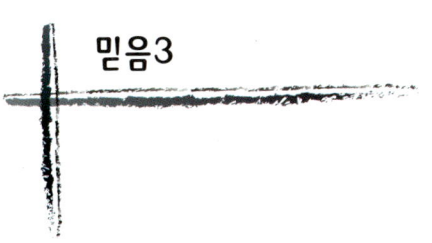

믿음3

믿음3

믿는대로이뤄진다
불교의일체유심조
신념대로경험한다
백말이나흰말이나
그말이그말인거지

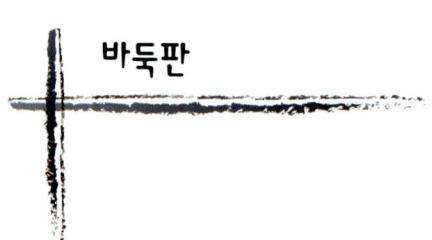
바둑판

바둑판

아버님돌아가신뒤
구석에박힌바둑판
산전수전펼쳐내던
그세월을내려놓고
안식하라오래오래

백과사전

백과사전

널구입한건솔직히
허세였지만그래도
옛날엔몇번봤는데
인터넷에밀린요즘
헌책방도널마단다

변기

변기

남들에게안보이는
내밀한곳드러내며
혼자하는해우성사
아무런말씀없이다
받아주는하얀신부

보온밥통

보온밥통

그얼마나뜨거우면
삐익삐익울었을까
엄마가뚜껑을열고
주걱으로다독이니
새근새근잘도잔다

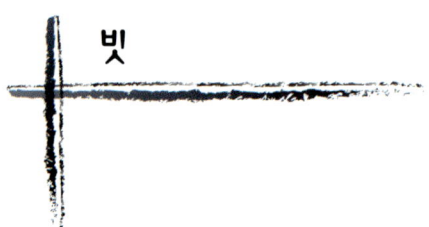

빨랫줄

빨랫줄

넌 양지바른 곳에서
늘어진 좋은 팔자다
너에게 매달린 젖은
인생들 잘 보듬거라
덕은 외롭지 않으니